AF343707

SUPPLÉMENT
AU MÉMOIRE
Sur les Moyens de perfectionner les Etudes.

Méthode la plus facile & la plus naturelle d'enseigner à lire.

AVANT-PROPOS.

Nous mettons l'art d'enseigner à lire au nombre de ceux qui méritent des observations particulieres. La plûpart des Maîtres qui enseignent cet Art, ne l'exercent pas de la maniere la plus naturelle & la plus avantageuse à leurs Eleves; ils négligent les moyens de le perfectionner qui ont été proposés jusqu'à présent; d'où il arrive que quantité d'enfans, surtout dans les campagnes, ne peuvent apprendre à lire, & qu'entre ceux qui y parviennent, il y en a beaucoup qui lisent si imparfaitement, qu'ils ne retirent presque point de fruit de la lecture : cependant c'est la connoissance la plus nécessaire, tant par rapport à la Religion qu'à l'égard de la vie civile. La plûpart des hommes peut se passer de la Gram-

A

maire, des Belles-Lettres & de la Philofophie; mais fçavoir lire eft une connoiffance néceffaire à tout le monde, parce qu'il n'eft prefque pas poffible, dans les tems où nous fommes, d'être bien inftruit des devoirs de la Religion, tant particuliers que généraux, fi on ne fçait pas lire. Les inftructions publiques, les Prônes, & fur-tout les Sermons, font communément au-deffus de la portée de ceux qui n'ont pas cette connoiffance préliminaire; & d'ailleurs ce n'eft pas feulement pour s'inftruire qu'on lit des livres de piété, c'eft encore pour s'édifier & s'exciter à faire le bien & à éviter le mal; & ces exhortations par la lecture ont cela d'avantageux, qu'elles ne font pas paffageres quand on s'y attache, comme celles qui fe font de vive voix; on peut aifément les rendre permanentes en relifant ce qui eft plus utile. Mais la lecture n'eft pas feulement avantageufe par rapport à la Religion, elle l'eft encore pour la vie civile; car fi on ne fçait pas lire, on eft prefque toujours privé de quantité de connoiffances qui font néceffaires dans l'ufage ordinaire de la vie. Que s'il fe rencontre des efprits faciles & pénétrans qui y parviennent fans lecture, cela eft fort rare, & peut être regardé comme une exception, les autres vivent la plûpart dans une ignorance groffiere & honteufe.

C'eft à caufe de l'utilité & de la néceffité de cette connoiffance, (fçavoir lire) qu'il eft de la plus grande importance de la rendre plus facile qu'elle n'a encore été jufqu'à préfent: c'eft à quoi nous nous fommes appliqués dans ce petit écrit, & nous croyons avoir réuffi à la rendre beaucoup plus facile, en ajoutant un nouveau moyen à ceux que d'autres avoient proposés auparavant, lequel est expliqué dans l'article XIV. Ce moyen leve trois difficultés qui embarraffent les commençans, enforte qu'il ne refte plus que celles qui font nécefsairement attachées à la chofe même, je veux dire celles de fe former une habitude affez compliquée que l'on ne peut acquérir que par l'exercice. J'efpere que les enfans qui connoîtront bien les lettres de l'Alphabet, & qui auront été un peu exercés fur les tables dont nous parlerons, pourront après cela parvenir à cette habitude environ en deux ou trois mois, les uns un peu plus tôt, les autres un peu plus tard.

Prefque toutes les perfonnes qui fçavent lire, croyent être en état de le montrer aux autres, & fi elles ne le font pas, foit à l'égard de leurs enfans, foit à l'égard de leurs domeftiques, dont plufieurs font dans le cas des enfans par rapport à la lecture, c'eft plutôt parce qu'elles n'en veulent pas prendre la peine, qu'à caufe de la perfuafion, ou au moins du doute qu'elles ayent, qu'elles ne font pas en état de le faire avec affez d'avantage pour les enfans; d'autant que fi elles avoient deffein de prendre cette peine, il leur feroit facile de s'inftruire de la bonne méthode qu'il faudroit fuivre pour réuffir facilement & en peu de tems dans cette louable entreprife. C'eft ce que l'on va voir par les régles & les reflexions que nous allons expofer, dont les premieres appartiennent à ce que l'on appelle la nouvelle méthode qui eft fort fupérieure à l'ancienne par la facilité qu'elle procure aux enfans d'apprendre à lire : cette fupériorité eft fondée principalement fur ce que les fons élémentaires dont on se sert pour trouver le son d'une syllable en épelant, ont un rapport de ressemblance avec ce son qu'on peut appeller *composé* par rapport à celui qui est élémentaire (*a*); au lieu que dans l'ancienne méthode ces sons élémentaires n'ont pas de rapport avec celui de la syllabe, excepté peut-être les sons des voyelles simples & de quelques consonnes, j'entends ceux qui sont les mêmes dans les deux méthodes. Or il est nécessaire que les sons élémentaires ayent un rapport de ressemblance avec celui de la syllabe, puisque l'on n'employe les premiers que pour trouver ce dernier; & c'est pour cela que dans la nouvelle méthode on prend souvent deux ou trois lettres à la fois en épelant, parce que si on les prenoit séparément, les sons élémentaires n'auroient pas de ressemblance avec celui de la syllabe; ce qui est absurde.

Quand même on ne feroit pas épeler les commençans, il faudroit néanmoins donner à toutes les consonnes des noms qui eussent rapport aux sons qu'elles ont dans les syllabes, afin que ces noms servent à faire connoître les sons dont il s'agit: c'est ce que l'on verra à l'article I, n°. 3. Nous allons donner les regles dans lesquelles consiste l'essentiel de

(*a*) Le son considéré dans l'ame, qui est une substance simple, n'a point de parties substantielles telles que celles de la matiere: mais on en peut distinguer d'autres qui sont des modifications de l'ame: telles sont celles de certains sons comme ceux des syllabes du mot *grandeur*, où se trouvent les sons du *g*, du *r* & de *an* pour la premiere, & ceux du *d*, de *eu* & du *r* pour la seconde: & c'est à cause de ces parties qu'on appelle *virtuelles*, que le son de la syllabe est appellé *composé* la nouvelle méthode que l'on peut appeller *naturelle*, comme étant fondée ſur la nature. Rien en effet de plus conforme à la nature en ce genre, que d'employer, pour trouver le ſon d'une ſyllabe, des ſons qui ayent de la reſſemblance avec celui que l'on cherche ; & c'eſt en quoi conſiſte le fond de la nouvelle méthode compriſe dans les quatre régles ſuivantes.

Art. I. N°. 1. Il faut changer la dénomination de neuf conſonnes au moins ; ſçavoir ſix dont les noms anciens commencent par un *e* ; ce ſont *f*, *l*, *m*, *n*, *r*, *ſ*, & les trois autres, *h*, *x*, *ʒ*. On doit nommer ces conſonnes en ſuppoſant un *e* muet à leur ſuite, comme s'il y avoit *fe*, *le*, *me*, *ne*, *re*, *ſe*, *he*, *xe*, *ʒe*.

Les trois conſonnes *j*, *t*, *v*, peuvent de même ſe nommer avec l'*e* muet en cette maniere, *je*, *te*, *ve*. Il eſt bon de laiſſer au *k* le nom de *ka*, & au *q* le nom de *qu* ; ſi on le nommoit *que*, on le confondroit avec le *c* qui a le ſon fort : on peut encore nommer *be*, *de* les deux premieres conſonnes *b*, *d* ; mais on peut auſſi les appeller *bé*, *dé*, comme on a coutume de le faire, tant à cauſe qu'il n'y a pas de néceſſité d'en changer le nom, que parce qu'on a toujours ces noms anciens dans la bouche, quand on parle de l'Alphabet. J'en dis à peu près autant du *p* : il faut auſſi appeller *cé* & *gé* le *c* & le *g* qui ont le ſon doux, afin de les diſtinguer du *ſ* & du *j*.

N° 2. Il y a quatre conſonnes ſur-tout qui ont chacune deux ſons fort différens, ce ſont *c g, ſ, t*. Le *c*, par exemple, a ſouvent le ſon fort marqué par *que*, comme dans le mot *carton* ; & il a auſſi le ſon foible ou doux mar-

A iij

qué par *cé* ou *fe*, comme dans les mots *certain*, *cité* : ces deux fons font auffi différens que ceux de deux confonnes. Nous dirons dans la fuite quel moyen il faut prendre pour faire connoître aux Commençans lequel des deux fons il faut donner à cette lettre quand elle eft dans un mot. C'eft à peu près la même difficulté pour l'*o* quand il eft fuivi d'un *i* dans la même fyllabe, comme dans ces mots *pouvoir* & ils *pouvoient* ; dans ce dernier il fe prononce comme fi on écrivoit ils *pouvaient* : *oi* a pour lors le même fon que *ai*.

N°. 3 Ce n'eft pas fans fujet que des Auteurs judicieux ont changé la dénomination de plufieurs confonnes, lorfqu'elle ne repréfentoit pas le fon qu'elles ont communément dans les mots, & qu'ils leur en ont donné une qui exprime ce fon, car par ce moyen il fuffit de fçavoir le nom de la confonne, afin de connoître le fon qu'il faut lui donner pour exprimer la fyllabe : or les enfans n'oublient pas ce nom pour peu qu'ils ayent été exercés ; au lieu que fi la dénomination de la confonne ne repréfente pas le fon qu'il faut lui donner dans la fyllabe, il faudra, quoiqu'on connoiffe ce nom, chercher encore ce fon afin d'exprimer la fyllabe où la confonne fe trouve ; & même cette dénomination difparate fera un obftacle pour trouver ce fon, parce que dans les commencemens elle fe préfentera d'abord à l'efprit à la vue de la confonne ; c'eft donc un principe en cette matiere que les noms des lettres doivent conduire aux fons qu'elles ont communément dans les fyllabes : or pour cela il faut que les noms des lettres expriment leurs fons dans les fyllabes, autant qu'il eft poffible.

Voilà la raison qui a engagé les Auteurs dont nous parlons à faire le changement dont il s'a-git. Cette raison est convaincante pour toute personne judicieuse, pourvu qu'elle n'ait pas de prévention à ce sujet : elle fait voir qu'il faudroit faire ce changement quand même on ne feroit pas épeler les enfans.

Lorsque nous supposons que le nom d'une consonne, quand il est convenable, fait trou-ver le son qu'elle a dans la syllabe, ce n'est pas que l'on pense toujours expressément à ce nom en exprimant la syllabe ; mais on y pense au moins implicitement : par exemple, pour exprimer la syllabe *ba*, il faut se rappel-ler, au moins implicitement, le nom du *b*.

Il est fâcheux pour les enfans que depuis plus d'un siécle qu'on a proposé ce changement de la dénomination des consonnes dont le nom ne représente pas le son qu'elles ont commu-nément dans les syllabes, on n'ait pas adopté ce changement dans toutes les écoles, car il est visible qu'il conduit à la prononciation des syllabes ; cela paroîtra sensiblement par les exemples suivans. On veut faire lire aux en-fans les syllabes *fa*, *ha*, *mé*, *ni*, *xo*, *zu* ; si on leur a appris à prononcer les consonnes qui s'y rencontrent en disant *fe*, *he*, *me*, *ne*, *xe*, *ze*, & qu'on leur ait fait remarquer par plu-sieurs exemples qu'il faut retrancher l'*e* qui est à la suite des consonnes qui précedent une voyelle, ils liront ces syllabes sans difficulté. (On fait de même par rapport à l'*é* fermé qui sert à nommer quelques consonnes, comme *b*, *d*, *c* ; on le retranche quand on prononce les syllabes qui les contiennent.) Mais si on leur a enseigné à nommer les neuf consonnes marquées ci-deſſus comme dans l'ancienne métho-de, ils prononceront naturellement les ſylla-bes *fa*, *ha*, *mé*, &c. en diſant *effa*, *hacha*, *emmé*, *enni*, *yxo*, *zeddu*, & ils ne pourront prononcer ces ſyllabes comme il faut qu'en employant un ſon oppoſé au nom des conſónnes ; enſorte que ce nom ou cette déno-mination, loin de les conduire à la pronon-ciation convenable des ſyllabes, y ſera au contraire un obſtacle. Il eſt donc viſible que l'ancienne dénomination des neuf conſonnes rapportées ci-deſſus eſt vicieuſe, & multiplie les difficultés pour la lecture; on eſt même obligé dans la pratique de ſe ſervir de la nouvelle dénomination. On s'en ſert, dis-je, quant au fond, puiſque l'on prononce ces ſyllabes en employant le ſon de cette dénomination. Par exemple, on prononce les ſyllabes *xa*, *za* en employant le ſon de *xe* & de *ze*, car il entre dans celui de ces ſyllabes, & en fait partie en modifiant celui de la voyelle *a*.

II. N°. 1. On nomme les voyelles compo-ſées *ai*, *au*, *ei*, *eu*, *ou*, *eau*, *eient*, &c. tout d'un coup, ſans en ſéparer les lettres pour épeler. Par exemple, *au* & *eau* ſe nomment tout d'un coup, comme ſi c'étoit un *o*. On fait la même choſe par rapport aux voyelles nazales, comme *an*, *en*, *in*, *ain*, *on*, *un*.

On voit par les exemples que l'on a rapportés que les voyelles compoſées ſont celles qui ſont exprimées par deux ou trois voyelles ſimples qui ne forment qu'un ſon ſimple, & les voyel-les nazales ſont exprimées par des voyelles ſimples ou compoſées ſuivies immédiatement des conſonnes *m* ou *n*, avec leſquelles elles ne font qu'un ſeul ſon. Les voyelles ſimples ſont *a*, *é*, *i* ou *y*, *o*, *u*.

Ce nom *voyelle* se donne tant aux sons qu'aux signes dont on se sert pour les représenter ; il en est de même du mot *consonne* & d'autres.

N°. 2. Pour ce qui est des diphtongues , on peut nommer séparément les voyelles qui les composent , à cause que ces voyelles gardent chacune leur son dans la diphtongue ; car c'est en cela que consiste la différence entre la diphtongue & la voyelle composée ; l'une & l'autre est un assemblage de voyelles simples dans une même syllabe ; mais ces voyelles conservent leur son propre dans la diphtongue , ou du moins en bonne partie , & non pas dans la voyelle composée. Souvent une des voyelles de la diphtongue est composée ou nazale ; c'est ce que l'on voit dans les diphtongues suivantes , *ieu* , *oui* , *ien* , *oin* , qui se trouvent dans ces mots , *lieu* , *enfoui* , *bien* , *foin*.

N°. 3. Pour épeler les mots suivans, *niéce*, *piéce*, *pioche* , *bien* , *mien* , *mieux* , *pieu*, qui contiennent des diphtongues, on dira : *n-i-é-ce*, *niéce*, *p-i-é-ce*, *piéce* ; *p-i-o-che* , *pioche* ; *b-i-en* , *bien* ; *m-i-en* , *mien* ; *m-i-eux* , *mieux* ; *p-i-eu* , *pieu*. Il ne faut donc pas faire prononcer aux enfans les diphtongues entieres *ié* , *io* , *ieu* , *ieux* , ou *ieu* , séparément des consonnes qui les précedent , en disant *n-ié* , *p-ié* , *p-io* , *b-ien* , *m-ien* , parce qu'ils auroient peine à prononcer ainsi ces diphtongues séparées de la consonne précédente , comme il est facile de s'en assurer par l'expérience.

III. Quand il y a deux consonnes de suite au commencement d'une syllabe , il faut les prononcer ensemble par un seul son , à l'aide de l'*e* muet que l'on suppose à la suite de la der-

niere confonne : ainfi pour épeler les mots
France, *grandeur*, *planche*, *ftatue*, on dira
Fr-an-ce, *France* ; *gr-an gran d-eur deur*, *grandeur* ; *pl-an-che*, *plan-che* ; *ft-a fta t-ue tue*,
ftatue ; on prononce *fr*, *gr*, *pl*, *ft*, comme
fre, *gre*, *ple*, *fte*. S'il y avoit trois confonnes
de fuite dans la même fyllabe, comme dans
les mots *fplendeur*, *fcrutin*, *ftratagême*, on les
prononceroit auffi toutes trois enfemble, en
difant : *fple*, *fcre*, *ftre*.

IV. N°. 1. Enfin fi en épelant on prononce l'*e*
muet feul, il faut l'appeller *eu* & non pas lui
donner le fon de l'*é* fermé, comme on fait
ordinairement : ainfi pour épeler la derniere
fyllabe des mots *Flandre*, *France*, *planche*, il
faudroit dire, *dr-eu*, *dre* ; *c-eu*, *ce* ; *ch-eu*, *che* ;
mais il vaut mieux ne pas épeler ces fyllabes
qui contiennent un *e* muet. Il faut donc les
prononcer tout d'un coup en difant, *dre*, *ce*,
che ; & alors il faut les joindre à la fyllabe
précédente, comme fi les deux n'en faifoient
qu'une : c'eft pourquoi on épelera les mots
rapportés en exemples, en difant : *Fl-an-dre*,
Flandre ; *Fr-an-ce*, *France* ; *pl-an-che*, *planche* : il en eft de même des mots *niéce*, *piéce*,
pioche, &c.

N°. 2. On remarquera que fi on donnoit à
l'*e* muet en épelant le fon de l'*é* fermé, comme on a coutume de faire, il en réfulteroit
les mots *Flandré*, *Francé*, *planché* ; ce qui fait
voir combien on a tort de donner, en épelant, le fon de l'*é* fermé à l'*e* muet.

N°. 3. Lorfque la derniere fyllabe d'un mot
eft un *e* muet feul, précédé d'une des trois
voyelles *e*, *i*, *u*, comme dans les mots *ar-
mée*, *penfée*, *finie*, *partie*, *connue*, *charue*, on

joint l'*e* muet avec la voyelle précédente lorſqu'on épelle : ainſi en épelant les mots que
l'on vient de rapporter, on dira pour les dernieres ſyllabes, *m-ée*, *mée* ; *ſ-ée*, *ſée* ; *n-ie*,
nie, *t-ie*, *tie*, &c.

C'eſt dans les quatre articles précédens que
conſiſte eſſentiellement la nouvelle méthode ;
mais ce que nous y ajouterons dans la ſuite,
(Art. XIV.) la rendra beaucoup plus facile
& plus expéditive, enſorte qu'il ſemble qu'elle
ſera par ce moyen auſſi parfaite qu'on ait lieu
de l'eſpérer, parce qu'il ne reſte plus que les
difficultés qui ſont néceſſairement attachées à la
choſe dont il s'agit.

V. N°. 1. Il y a beaucoup de ſyllabes que
l'on peut épeler de pluſieurs manieres preſque
également bonnes ; ſoit par exemple la ſyllabe *teur* du mot *Paſteur*, on peut l'epeler en
trois manieres, en diſant 1°. *t eu-r*, *teur* ;
2°. *teu-r*, *teur* ; 3° *t-eur*, *teur*. On peut pratiquer laquelle on voudra des trois ; mais cependant la ſeconde & la troiſieme paroiſſent
préférables à la premiere : je m'arrêterois à la
troiſieme, parce qu'elle eſt analogue à celle
dont on épelle les ſyllabes qui contiennent une
conſonne ſuivie d'une voyelle compoſée ou
nazale, comme *peu*, *ſon*, qu'on épeleroit en
diſant *p-eu*, *peu* ; *ſ-on*, *ſon*.

N°. 2. Il faut encore remarquer qu'il y a
certaines ſyllabes irrégulieres dont l'épellation, de quelque maniere qu'elle ſe faſſe, ne
peut donner des ſons élémentaires qui reſſem-
blent à celui de la ſyllabe, ſans changer le ſon
ordinaire des lettres ; telles ſont les dernieres ſyllabes des mots *cercueil*, *orgueil* : dans
ce cas on fera mieux de faire prononcer ces

fyllabes tout d'un coup fans les épeler. Au refte, il y a peu de ces fyllabes dans les mots propres à la langue Françoife.

VI. N°. 1. L'expofition abrégée que nous venons de faire du fond de la nouvelle méthode fuffit pour faire fentir aux perfonnes attentives combien elle eft fupérieure & préférable à l'ancienne. Afin de rendre la chofe plus fenfible, il n'y a qu'à prendre un ou deux exemples, & y faire l'application de l'une & l'autre méthode ; on en fentira aifément la différence. Prenons les mots *Flandre* & *plan-che* ; felon l'ancienne méthode, il faudra dire: *effe-elle-a-enne flan dé-erre-é-dre*, *Flandre* ; & pour *planche*, on dit : *pé-elle-a-enne plan cé-hache-éche*, *planche*. Or je demande quel rapport il y a entre les fons des trois confonnes de la fyllabe *flan*, & celui de cette fyllabe? N'eft-il pas vifible qu'il n'y en a aucun? De même, quelle reffemblance y a-t-il entre les fons des trois lettres de la fyllabe *dre* & celui de cette fyllabe? On voit bien auffi qu'il n'y en a pas. J'en dis autant des deux fyllabes de l'autre mot *planche*. Cela étant, comment peut-on fe fervir du fon qu'on donne à ces lettres pour parvenir à celui des fyllabes qu'elles compofent ? C'eft choquer ouvertement la raifon.

N°. 2. Au contraire, dans la nouvelle méthode les fons élémentaires, c'eft-à-dire ceux des parties de chaque fyllabe conduifent tout naturellement à celui de la fyllabe. Comme il va paroître par l'application de cette méthode aux mêmes exemples, on dira donc: *Fl-an-dre*, *Flandre* ; *pl-an-che*, *planche*. On voit bien qu'un enfant qui auroit appris à épeler

en cette maniere, feulement quelques jours,
pourroit trouver le fon d'une fyllabe en lui
prononçant les fons que l'on donne aux élémens de la fyllabe, au lieu qu'en prononçant
devant lui les fons qu'on donne aux lettres
dans l'ancienne méthode, il ne pouroit jamais
trouver le fon de la fyllabe ; cela feróit même impoffible à une perfonne qui auroit l'efprit fait, quelque pénétration qu'on lui fuppofe, fi elle ne fçavoit déja le fon de cette
fyllabe, ou que par une longue habitude for-
mée contre nature, elle ne fe fût enfin ac-
coutumée à donner au réfultat de ces lettres
un fon qui n'auroit pas de rapport aux fons
élémentaires qu'on employe dans cette méthode ; & c'eft en quoi confifte fon défaut effentiel : fçavoir en ce que les fons élémentaires dont on fe fert n'ont point de rapport
au fon de la fyllabe que l'on cherche. Rien
n'eft capable de couvrir ce défaut, qui doit
choquer tous céux qui y font quelque attention, pour peu qu'ils faffent ufage de leur raifon. Je ne dis rien de la longueur infupportable de cette méthode, elle eft capable de
rebuter tout homme qui a quelque goût, tant
par la prononciation de chaque lettre en particulier, que par la répétition continuelle des
fyllabes précédentes à mefure que l'on a nom-
mé la derniere lettre de chacune des fuivantes.

VII. S'il s'agiffoit de compofer un Syllabaire
à l'ufage des enfans, il faudroit donner ici
trois petites tables, une pour les affemblages
de deux confonnes qu'on doit prononcer enfemble en épelant, une autre pour les voyelles compofées, & une troifieme pour les

voyelles nazales : ces tables ferviroient à faire
bien connoître aux enfans ces élémens compofés de plufieurs lettres, & à les accoutu-
mer à les prononcer fans en féparer les lettres.

Cela prévient une difficulté qui fe préfente
contre la pratique de la nouvelle méthode,
felon laquelle il faut en épelant prendre tantôt une feule lettre & tantôt plufieurs : car
on en prend deux ou trois lorfqu'il y a une
voyelle compofée ou une voyelle nazale, ou
plufieurs confonnes de fuite qui font au commencement d'une fyllabe. Cette difficulté peut
fe lever, comme on voit, par les tables dont
on vient de parler, parce que les enfans connoîtront par leur moyen ces affemblages de
lettres qu'il ne faut pas féparer en épelant;
mais il y a encore un autre moyen plus fenfible pour guider les enfans dans les commencemens, c'eft de féparer dans leur Syllabaire
non-feulement les fyllabes, mais auffi les parties des fyllabes, felon qu'elles doivent être
prononcées féparément en épelant : & c'eft
ce que nous avons fait dans les exemples que
nous avons donnés : alors il n'y reftera plus
l'ombre de difficulté fur ce point, même pour
les enfans, au moins pendant le tems qu'ils
feront ufage de leur Syllabaire; & enfuite
quand on les fera encore épeler dans d'autres
livres, ce qui doit fe réduire à peu de chofe, comme nous le dirons dans la fuite, ils le
pourront aifément, parce qu'ils connoîtront
bien les élémens compofés des fyllabes, je
veux dire, plufieurs confonnes de fuite, les
voyelles compofées & les nazales : ils feront
déja accoutumés à les prononcer fans en féparer les lettres.

VIII. Mais il y a deux autres difficultés qui
ſont communes à l'une & à l'autre méthode,
l'une par rapport aux lettres qui ont deux ſons
très-différens, comme *c*, *g*, *ſ*, *t*; l'autre à
l'égard des lettres qui ne ſe prononcent pas
dans une ſyllabe, quoiqu'elles y ſoient marquées : cela arrive ſouvent, ſur tout pour les
conſonnes *ſ* & *t*.

Quant à la premiere de ces deux difficultés, elle eſt inſurmontable par rapport aux
enfans, au moins pendant un temps conſidé-
rable : en effet les deux ſons du *c*, par exemple, qui ſont *que* & *cé* ou *ſe*, comme dans les
mots *côté* & *certain*, ſont auſſi différens entre
eux que ceux de deux lettres, comme *b* & *d*.
Pour applanir cette difficulté, il faut dans les
commencemens faire, pour ainſi dire, deux
lettres, du *c*, en le mettant ſimplement tel
qu'il eſt, pour marquer le ſon rude ou fort,
ſçavoir *que*, qui eſt le plus ordinaire, & y
ajoutant une cédille pour indiquer le ſon doux
ou foible, qui eſt *cé* ou *ſe*, lequel eſt moins
commun que le premier : on marquera donc
ce ſon par un *c* cédillé, en cette maniere *ç*,
On obſervera la même choſe par rapport aux
trois autres conſonnes *g*, *ſ*, *t*, dont le ſon
fort ſera marqué par la conſonne ſimple, &
le foible par la conſonne avec une cédille. Il
faut ajouter la conſonne *l* à ces quatre à laquelle on mettra une cédille lorſqu'elle aura
le ſon mouillé, comme dans les mots *famille,
fille, grille, pillage* (*a*), & afin que les enfans
s'accoutument à ſe paſſer de ces cédilles, le

_____

(*a*) On pourroit auſſi ſe ſervir de la cédille pour marquer le ſon mouillé de l'*i* dans quelques mots, tels que
aieux, *Baïeux*; mais ce ſon de l'*i* eſt moins fréquent.

même mot sera écrit deux fois dans le Syllabaire, une fois avec la cédille, & une autre
fois sans cédille. Il sera à propos d'observer
la même chose dans le premier ou les premiers livrets qu'on mettra entre les mains des
enfans, comme nous l'expliquerons (Art XIV.)
d'ailleurs on leur apprendra dans la suite quand
il faudra donner le son fort ou le son foible
aux consonnes *c*, *g*, *ſ*, *t*.

N°. 2. Il y a quelque chose d'à-peu-près
semblable par rapport aux deux lettres *oi* join-
tes ensemble, qui quelquefois forment une
voyelle composée dont le son est le même
que celui de *ai*, comme dans les mots *j'avois*,
je *lisois*, les *Anglois*, les *François*, &c. & d'autres fois elles sont une diphtongue dont le son
est double, & renferme celui de l'*o* & de l'*i*,
comme il paroît dans les mots *moi*, *loi*, *voix*,
point. Dans le premier cas on mettra aussi une
cédille sous l'*o*, ou bien on pourra mettre *ai* au
lieu de *oi* dans la première position du mot, se-
lon l'usage de quelques Auteurs, & on laissera
oi dans la seconde position ; mais dans le se-
cond cas, on ne fera point de changement.

IX. Quant à la dernière difficulté qui regarde les lettres qui ne se prononcent pas dans
un mot, il est encore facile de la lever dans
le Syllabaire, en ne les mettant pas dans la
première position du mot, mais seulement
dans la seconde, & par là ils s'accoutumeront
à ne pas les prononcer dans certains mots,
quoiqu'elles s'y trouvent : de plus, on leur
pourra aussi donner dans la suite quelques régles à leur portée pour connoître quand ces
lettres doivent être muettes.

En mettant ainsi deux fois les mots qu'on

propofera pour exemples aux enfans, ils apprendront à diftinguer la maniere de les prononcer, de celle de les écrire, ce qui les conduira infenfiblement à la connoiffance de l'orthographe. En outre, afin qu'ils apprennent auffi peu à peu le genre des mots, on mettra à la feconde pofition les articles *le* ou *la*, ou bien *un* ou *une* : ces articles n'auront lieu que dans le Syllabaire ; mais la fuppreffion des lettres muettes dans la premiere pofition des mots s'obfervera auffi dans les premiers livrets pour apprendre à lire.

X. On peut voir par ce que l'on a dit combien l'épellation feroit plus facile aux enfans qu'elle n'eft dans l'ancienne méthode, & qu'elle ne feroit même dans la nouvelle, fi on ne prenoit ces precautions qu'on vient d'indiquer en levant les trois difficultés qu'on a expofées ci-deffus : mais il ne faut pas pouffer trop loin la pratique de l'épellation ; on en peut beaucoup abréger l'ufage & le faciliter par le moyen de plufieurs tables dont les trois premieres ont déja été indiquées, fçavoir celle pour deux confonnes de fuite au commencement d'une fyllabe, celle des voyelles compofées & celle des voyelles nazales : il en faut une quatrieme pour les diphtongues, afin que les enfans les connoiffent. Celles qui fuivront contiendront des fyllabes ; elles feront diftinguées felon le nombre des lettres que renfermeront les fyllabes, mais en ne comptant que les lettres qui fe prononcent. Il y en aura une pour les fyllabes de deux lettres, dont la premiere foit une confonne & l'autre une voyelle fimple ; une autre pour les fyllabes de trois lettres qui font ou deux confonnes &

une voyelle simple, soit que ces consonnes se suivent, ou que la voyelle les sépare ; ou bien une consonne & une voyelle composée ou nazale de deux lettres, ou enfin une diphtongue. Une autre pour les syllabes de quatre lettres, soit deux consonnes de suite & une voyelle composée ou nazale, ou bien une diphtongue qui suive les deux consonnes, soit une consonne & une voyelle composée ou nazale, ou bien une diphtongue de trois lettres, comme dans *peau*, *pain*, *loin*, *mien*, *vieux*, soit une voyelle composée placée entre deux consonnes, comme dans *leur*, *court*, *pour*. (On ne compte que les lettres qui se prononcent.) Les syllabes de quatre lettres renferment toutes les difficultés. On mettra encore une table qui contiendra quelques exemples des syllabes de cinq lettres, lesquelles sont rares en comparaison des autres : enfin on en pourra joindre une autre pour certaines syllabes finales qui contiennent un *e* muet, soit celles dans lesquelles l'*e* muet est précédé d'une double consonne, comme dans *paresse*, *politesse*, que l'on épellera en disant *res-se*, *resse* ; *tes-se*, *tesse* ; soit celles dans lesquelles l'*e* muet est précédé de la voyelle composée *oi*, comme dans ils *lisoient*, ils *parloient*, que l'on épelle en disant, *s-oi*, *soient* ; *l-oi*, *loient*.

XI. N°. 1. La table qui contiendra des syllabes de trois lettres, & les autres qui suivront seront doubles chacune. Dans la première des deux, les parties des syllabes que l'on doit prononcer séparément en épelant, seront effectivement séparées, & outre la séparation, on pourra mettre des points quarrés qui seront au milieu de la hauteur des lettres. Ils difféferont des points ordinaires, tant par leur figure que par leur fituation ; de plus, les lettres *c* , *g*, *f*, *t*, *l* & *o* fuivi d'un *i*, feront cédillées quand elles auront le fon doux. Dans la feconde des deux tables pour les mêmes fyllabes, elles y feront imprimées comme elles font dans les livrés, tout de fuite & fans cédilles, fi ce n'eft pour *c* quand il aura le fon adouci avant les voyelles *a* , *o* , *u* : on mettra alors une cédille au *c*, parce qu'il en a une avant ces voyelles dans les livres imprimés.

N°. 2. Il feroit affez naturel de placer les deux tables de chaque forte à la même ouverture du livre, l'une à la page gauche & l'autre à la page qui eft à droite ; mais comme cette difpofition donneroit aux enfans l'occafion de regarder plutôt la page gauche que celle à droite quand il faudroit lire cette derniere, fur-tout lorfqu'il y a une bande d'enfans, comme il arrive dans les écoles, nous croyons qu'il vaut mieux rejetter les tables qui contiennent les fyllabes fans partage & fans cédilles après toutes les autres, ou même à la fin du Syllabaire.

N°. 3. Il y a quelques-unes de ces tables qui peuvent fe difpofer de maniere qu'on obferve une certaine cadence des fons, & il eft à propos de les difpofer en cette maniere, afin d'attirer l'attention des enfans qui fe plaifent à cette cadence. Ces tables font celles qui fuivent les quatre premieres, fans cependant y comprendre la derniere.

XII. L'avantage qu'on tirera de toutes ces tables, c'eft qu'après les avoir fait apprendre aux enfans en les leur faifant répéter plufieurs fois d'abord, & enfuite de tems en tems, il

ne faudra plus leur faire épeler les syllabes hors
des tables, du moins cela ne fera pas nécessaire
pour l'ordinaire.

Il faudra donc faire épeler les syllabes des
tables indiquées ci-deſſus après les cinq premieres, & auſſi quelques mots qui feront dans
le Syllabaire pour ſervir d'exemples, qui feront diſpoſés ſelon pluſieurs chefs auxquels
on les rapportera ; après quoi on pourra pour
l'ordinaire faire ſimplement ſyllaber, en ſe con-
tentant de revenir à l'épellation de tems en
tems dans les tables ou les exemples dont on
vient de parler. Dans les commencemens,
après que les enfans auront dit un mot en
ſyllabant, il faudra le leur faire répéter, afin
qu'ils le retiennent.

XIII. On peut remarquer ici que ce n'eſt
pas ſans fondement que l'on employe preſque par-tout l'épellation pour apprendre à
lire, parce qu'il eſt naturel & plus facile d'aller pied à pied & par parties, que d'embraſ-
ſer le tout à la fois. Par exemple, il eſt plus
facile de trouver le ſon de la ſyllabe *fran* du
mot *France*, en nommant ſéparément les deux
élémens *fr-an*, & les réuniſſant enſuite, qu'en
voulant nommer ces deux élemens enſemble
du premier abord : d'ailleurs ſi un enfant eſt
arrêté lorſqu'il veut nommer une ſyllabe,
comme il arrive très-ſouvent, à cauſe de la
diverſité prodigieuſe des ſyllabes, il n'a pas
de moyen pour en trouver le ſon ; il demeure
court ſans pouvoir ſe tirer de ſon embarras,
s'il ne ſçait pas épeler ; au lieu que s'il le
ſçait, il pourra parvenir à ce ſon par l'épellation, parce qu'il n'oublie pas le ſon des élémens ſimples qui ſont les lettres qui ſe pro-

noncent feules, ni celui des élémens compofés, c'eft-à-dire, des lettres qui fe prononcent
enfemble en épelant, & qui font dans les trois
premieres tables. De plus, en s'accoutumant
ainfi pendant quelque tems à nommer les élémens tant fimples que compofés, & les réu-
niffant auffi-tôt enfemble pour articuler la fyllabe compofée de ces élémens, il fent bien
mieux la valeur ou le fon des confonnes réunies aux voyelles; & par-là il apprend plus
facilement à exprimer tout d'un coup le fon
de la fyllabe; mais cela fuppofe que l'on obferve les regles prefcrites dans les quatre premiers articles pour l'épellation, afin que les
fons élémentaires ayent un rapport de reffemblance avec celui des fyllabes; autrement l'é-
pellation eft effentiellement vicieufe & contraire à la raifon. Sans l'obfervation de ces
régles, il vaudroit mieux exercer les commençans à fyllaber fimplement, quand ils connoî-
troient les lettres, & qu'ils auroient un peu
appris les tables que nous avons indiquées ci-
deffus, art. X ; cela vaudroit mieux, dis-je,
fur-tout en fe fervant des petits livres ou des
cartes dont nous parlerons dans l'article fuivant. Au refte, le tems de l'épellation, même
felon la nouvelle méthode, ne doit pas être
long; puifqu'on peut la reftraindre aux tables
marquées ci-deffus pour les différentes fyllabes
qui contiennent trois ou quatre lettres, ou
même cinq, pourvu que l'on fépare les fyllabes les unes des autres dans le premier ou les
premiers petits livrets ou dans les cartes dont
on fe fervira pour leur apprendre à lire, comme on va l'expliquer.

XIV. N°. 1. Il fera donc néceffaire de fe
fervir dans les commencemens de petits livrets

ou de cartes, enforte qu'il y ait deux pages
de ces livrets ou deux cartes pour la même
matiere, dans l'une defquelles les mots foient
écrits, c'eft-à-dire imprimés avec ces trois
conditions, 1°. que les fyllabes des mots foient
féparées par une efpace, & même par un ti-
ret ; car la difficulté de faire le partage des
fyllabes eft celle qui embarraffe le plus les
Commençans, quand d'ailleurs ils font un peu
inftruits de ce que nous avons expofé précédemment. Si on veut donc accélérer le progrès des enfans, il faut marquer la diftinction
des fyllabes, en les féparant l'úne de l'autre:
il n'eft cependant pas néceffaire d'ufer de cette
précaution pour la derniere fyllabe d'un mot,
lorfqu'elle n'eft compofée que d'une confonne
fuivie d'un *e* muet, comme dans les mots *Ange*,
comete, *chandelle*, *pere*, *mere*, *boule*, &c. mais
quand les mots contiennent deux confonnes
dans la derniere fyllabe avant l'*e* muet, comme dans *maître*, *pauvre*, il eft bon de faire
la féparation des deux fyllabes. Enfin on peut
auffi omettre cette féparation dans d'autres
mots qui auront déja paru plufieurs fois. 2°. De
plus, il faudra que les fix lettres *c*, *g*, *f*, *t*,
l & *o* avant *i* foient cédillées lorfqu'elles ont
le fon foible, & le fon mouillé pour *l*, (au
lieu de la voyelle compofée *oi* on pourra mettre *ai* ;) °. enfin que les lettres muettes, c'eft-
à-dire qui ne fe prononcent pas, foient fupprimées. Voici donc les trois conditions qu'il
faudra obferver dans la premiere page ou la
premiere carte ; 1°. les fyllabes des mots feront féparées par un trait d'union, excepté
les cas marqués ci-deffus ; 2° Il y aura des
cédilles aux fix lettres défignées ci-devant
quand elles auront le fon doux ; 3°. enfin

les lettres muettes feront fupprimées.

N°. 2. Dans la feconde page, on mettra les mots tels qu'on a coutume de les écrire, enforte que chaque ligne de cette feconde page contienne les mêmes mots que la ligne correfpondante de la premiere page : par ce moyen les enfans liront facilement les mots dans la premiere page, & après en avoir lû une partie une ou deux fois, felon que les Maîtres le jugeront à propos, ils les liront prefque fans peine dans la feconde.

N°. 3. Il paroîtroit d'abord affez naturel de mettre les deux pages correfpondantes, c'eft-à-dire, qui contiennent la même matiere dans la même ouverture du livre, l'une à gauche, l'autre à droite ; mais il en feroit comme des doubles tables dont on a parlé : c'eft-à-dire que fi ces pages étoient difpofées en cette maniere, les enfans feroient tentés de ne regarder que la premiere page où les mots feroient plus aifés à lire, & ils s'attireroient fouvent des réprimandes à ce fujet dans une école ; c'eft pourquoi il vaut mieux faire imprimer à part les pages où les fyllabes font féparées pour les mettre enfemble avant les autres pages qui contiendront les mêmes mots écrits à l'ordinaire, ou pour en faire une petite brochure qui réponde parfaitement au livret page pour page, ligne pour ligne : il feroit même à propos de mettre des chiffres dans le livret & la brochure au commencement des lignes, pour trouver tout d'un coup les lignes correfpondantes, qui feront marquées par les mêmes chiffres. Cela donnera occafion aux enfans d'apprendre à connoître les chiffres.

N°. 4. On pourra fe fervir du moyen expofé dans cet article pour apprendre à lire ce qui eſt écrit en lettres majuſcules ou en lettres italiques ; c'eſt-à-dire qu'on mettroit la même matiere ſur deux pages : dans la premiere, elle ſeroit écrite, je veux dire imprimée en lettres courantes romaines, & dans l'autre en majuſcules. Pareillement par rapport aux lettres italiques ; la matiere ſeroit écrite dans la premiere page en caractères romains & l'autre en italique. Dans ces deux cas les mots ſeroient écrits ſur les deux pages de la même maniere dont on a coutume de les écrire, ſans obſerver dans la premiere page les trois conditions marquées ci-deſſus, ſi ce n'eſt peut-être la premiere pour la ſéparation des ſyllabes.

N°. 5. Comme ce moyen d'apprendre à lire eſt de la plus grande conſéquence pour faciliter la lecture aux commençans, autant qu'il eſt poſſible, nous allons en donner un exemple ci-deſſous en forme de note, en mettant la même matiere au bas de deux pages dont la premiere à gauche contiendra les mots imprimés avec les trois conditions que nous avons expoſées, ſi ce n'eſt celle qui regarde les cédilles : on n'en a mis qu'au *c*, faute d'avoir des caracteres faits exprès pour les autres lettres qui en demandent.

1 A-dam le pre-mie des homme : Dieu for-ma ſon
2 cor de la pouſ-ſiere de la terre, & lui do-na une ame
3 qu'il cré-a à ſon i-mage & ſa re-ſem-blan-ce ; il le
4 pla-ça dan le Pa-ra-di ter-reſ-tre, qui é-toi un jar-din
5 dé-li-ci-eu, rem-pli d' toute ſorte de beau ar-bre, &
6 lui do-na Eve pour com-pa-gne, qu'il a-voi for-mée
7 d'une côte. (Dieu a-voi tiré cette côte d'A-dam lorſ-
8 qu'il é-toi dan un pro-fon ſo-m eil.) A-dam & Eve
9 a-voi é-té cré-é-eu-reu, leur eſ-pri & leur cœur
10 é-toi tour-né ver Dieu ; mai il man-gere du frui
11 d'un cer-tain ar-bre con-tre ſa dé-fenſe, & de-vinre par-
12 là pé cheur & mi-ſé-ra-ble a-vec toute leur poſ-té-ri-té.

XV.

XV. En obſervant ces différentes précautions, je crois que toutes les facilités qu'on peut raiſonnablement deſirer pour la lecture, outre les quatre regles expoſées d'abord & les tables dont on a parlé enſuite, ſe trouveront réunies dans ce moyen qui vient d'être propoſé; ſçavoir, d'employer de la maniere qui a été expoſée deux pages pour la même matiere: par-là les enfans n'auront plus les peines & les dégoûts qu'ils éprouvent ordinairement pour la lecture: ils liront facilement la premiere page, puiſque les trois difficultés qui les arrêtent ſeront levées; & après avoir lû trois ou quatre lignes dans cette premiere page, ils liront aiſément les correſpondantes dans la ſeconde, puiſqu'elles contiendront les mêmes mots: d'où il arrivera ſouvent qu'ils prendront goût à la lecture ainſi préparée, & pluſieurs s'y porteront d'eux-mêmes, parce qu'ils y réuſſiront ſans peine; car on ſçait que l'on fait volontiers ce en quoi on réuſſit aiſément. De plus, ils apprendront inſenſiblement deux choſes néceſſaires par rapport aux mots, la maniere de les prononcer & celle de les écrire. Il eſt ſurprenant qu'un moyen ſi ſimple ſoit en même temps ſi avantageux.

1 Adam, le premier des hommes: Dieu forma ſon
2 corps de la pouſſiere de la terre, & lui donna une ame
3 qu'il créa à ſon image & ſa reſſemblance; il le
4 plaça dans le Paradis terreſtre, qui étoit un jardin
5 délicieux, rempli de toutes ſortes de beaux arbres; &
6 lui donna Eve pour compagne, qu'il avoit formée
7 d'une côte. (Dieu avoit tiré cette côte d'Adam lorſ
8 qu'il étoit dans un profond ſommeil.) Adam & Eve
9 avoient été créés heureux, leur eſprit & leur cœur
10 étoient tournés vers Dieu; mais ils mangerent du fruit
11 d'un certain arbre contre ſa défenſe, & devinrent par
12 là pécheurs & miſérables avec toute leur poſtérité.

B

Quand les enfans connoîtront bien leurs lettres, & qu'on les aura un peu exercés fur les
tables marquées ci-deffus, ils commenceront à
lire en très-peu de tems, environ dans deux ou
trois mois : ce qu'il y a encore de bon, c'est que
ce moyen ne fuppofe ni dépenfe pour les
parens, ni étude de la part des Maîtres pour
fe mettre au fait, parce que rien n'est plus aifé
à comprendre, ni application gênante de la
part des enfans, à caufe de la facilité qu'ils
auront à réuffir. Il femble donc que les Maîtres qui défirent le progrès des enfans, ne puif-
fent négliger un moyen fi avantageux pour
leurs Eleves.

XVI. En fuivant ce qui a été propofé, il n'y
a pas de doute que les enfans n'apprennent à
lire plus facilement, & en bien moins de tems
que par l'ancienne méthode : mais fi l'on veut
qu'ils faffent encore plus de progrès dans la
lecture, & fur-tout qu'ils entendent aifément
ce qu'on leur fait lire, il faut pratiquer les obfervations fuivantes, qui font comme des Regles dont on peut fe fervir très-utilement pour
procurer aux enfans une prompte intelligence
de leurs lectures. Lorfqu'ils connoiffent bien
leurs lettres, & qu'ils fçavent déja un peu
épeler, 1°. il faut, avant qu'ils préparent la
leçon qu'ils doivent dire, la leur lire bien diftinctement, en appuyant fur les fyllabes & fur
les mots difficiles, qu'il faut lire plutôt deux
fois qu'une. Cette lecture doit être fuivie d'une
courte explication des mots qu'on voit bien
que les enfans n'entendent pas : par ce moyen
ils prépareront la leçon avec moins de peine
& avec plus d'application & de goût, tant
parce qu'ils viendront d'entendre prononce

les mots, que parce qu'ils en connoîtront, au moins en partie, la signification. Mais le tems qu'on leur donnera pour préparer & étudier leur leçon doit être fort court, d'environ un quart d'heure, à cause de la légereté de leur âge, qui les empêche de s'appliquer seuls pendant un certain temps : 2°. ensuite on leur fera dire leur leçon, & après qu'ils l'auront lue, il faudra leur expliquer de nouveau les mots qui ne leur sont pas familiers, & les phrâses qu'ils n'entendent pas. 3°. On en interrogera quelques-uns sur ces mots pour voir s'ils les entendent ; & quand cela sera à propos, on leur proposera des questions dont les réponses soient dans la leçon qu'ils viennent de réciter, afin qu'ils fassent attention au sens, & non pas seulement aux syllabes & aux mots, comme il arriveroit sans cela. 4°. On leur fera répéter la même leçon une ou plusieurs fois avant de passer aux suivantes, afin qu'ils en tirent du profit, & qu'elle serve comme de principe & d'exemple pour les autres : ainsi la leçon qu'ils auront dite pendant une Ecole, ils la répéteront dans l'Ecole suivante. 5°. Quand ils seront plus avancés, & qu'ils liront déja assez bien, on leur fera rendre compte de ce qui est dans leur leçon, en les aidant & les mettant sur la voie : on fera cet exercice surtout après qu'ils auront répété la leçon une ou plusieurs fois.

Si l'on fait réflexion sur ces exercices, on ne peut douter raisonnablement qu'ils ne contribuent beaucoup à perfectionner les enfans dans la lecture, principalement parce qu'ils leur procureront l'intelligence de ce qu'ils lisent : ce qui est un point essentiel, sans lequel la lecture ne fert prefque à rien, & fans quoi on ne peut la faire avec goût, ni la foutenir pendant un certain tems. C'est ce qui arrive fouvent, fur-tout aux gens de la campagne, qui n'ayant pas été bien conduits quand ils ont appris à lire, n'entendent prefque rien dans leur lecture, & par conféquent n'en peuvent retirer que très-peu de fruit. Il est donc néceffaire que les Maîtres & Maîtreffes d'Ecole pratiquent ce qui est marqué ci-deffus.

XVII. Pour expliquer aux enfans un mot qu'ils n'entendent pas, il faut, quand on le peut, en fubftituer un autre à la place qui ait à-peu-près le même fens, & qui leur foit plus connu. Mais fi l'on ne peut en trouver, il faut avoir recours à une courte définition ou explication qui foit claire & à la portée des enfans, ce qui est fouvent affez difficile. Au pis aller, les Maîtres n'entreprendront d'expliquer que les mots dont ils feront en état de donner une explication qui foit proportionnée à leurs Ecoliers. Ils pourroient fe fervir d'un petit Dictionnaire François pour trouver les définitions de quelques mots; il feroit même à fouhaiter qu'on en compofât un à cet ufage, qu'on pourroit mettre entre les mains des jeunes gens lorfqu'ils feroient en état de s'en fervir : il ne devroit contenir que les mots qui fe trouvent pour l'ordinaire dans les Livres qu'on a coutume de faire lire aux enfans : il ne faudroit pas y mettre tous ces termes, mais feulement ceux qui ne font pas familiers à la plûpart des enfans.

XVIII. Quant aux queftions que nous avons dit qu'il falloit leur faire fur la leçon, le Maître en appercevra bientôt l'utilité par la pra-

tique : il verra que quoique ce qu'il leur demande fe trouve dans la lecture qu'ils ont faite,
ils ne pourront cependant pas répondre à ce
qu'on leur demandera. Si, par exemple, il eſt
parlé d'Abraham, de Sara, d'Iſaac, d'Agar
& d'Iſmaël, & qu'on leur demande ſi ces deux
femmes d'Abraham étoient d'une même con-
dition, ou auſſi maîtreſſes l'une que l'autre,
la plûpart ne pourront pas répondre : il y en
a même beaucoup qui étant interrogés, ne
feront pas en état de dire quelle étoit la mere
d'Iſaac & celle d'Iſmaël, parce qu'ils ne ſont
occupés que du matériel de la leçon, c'eſt-à-
dire, des ſyllabes & des mots, ſans faire attention au ſens.

XIX. Pour ce qui eſt de la pratique de faire
rendre compte aux enfans, lorſqu'ils ſont déja
avancés, de ce que renferme la leçon, elle eſt
très-propre à former leur jugement, & à leur
apprendre à parler & à s'expliquer, lorſqu'ils
ſont bien dirigés dans cet exercice. On entend
bien qu'il ne s'agit pas ici de le pratiquer dans
une même Ecole ou Séance, à l'égard de tous
les enfans d'une bande, ſur-tout ſi elle eſt
nombreuſe. Il en eſt de même des queſtions
qu'il faut propoſer aux enfans ſur leur leçon.
Au reſte, les Maîtres peuvent allonger ou rac-
courcir le temps des Exercices ſelon qu'ils le
jugent à propos ; & ce qu'ils ne pourront faire
pendant une Ecole, ils le remettront à la ſui-
vante.

Ce que nous avons dit ſuffit pour faire ſen-
tir l'importance des pratiques que nous propo-
ſons : non-ſeulement elles ſerviront à apprendre à lire aux enfans avec moins de peine &
de temps ; mais elles donneront l'intelligence

de la lecture, & par-là ils éprouveront moins
de répugnance à préparer leur leçon ; plusieurs
le feront même avec application & avec plai-
fir. On étudie avec goût lorfqu'on le fait avec
intelligence, fur-tout fi l'étude eft accompa-
gnée d'un prompt fuccès ; mais fi on n'entend
pas ce que l'on étudie, l'étude devient un travail infupportable. Quoique cette maxime con-
vienne mieux à l'âge où la raifon de l'homme
eft dans fa force, elle ne laiffe pas d'avoir auffi
fon application aux enfans : quand ils conçoi-
vent quelque chofe, ils y prennent naturellement plus de goût qu'ils ne feroient fans cela ;
& ce goût eft encore augmenté par le fuccès,
qui peut les animer & les exciter à l'étude.

XX. N°. 1. Afin de procurer encore aux enfans une plus grande facilité pour la lecture,
& en même temps plus d'ouverture pour entendre ce qu'ils liront, il faudroit leur apprendre à conjuguer les Verbes François ; en quoi
ils réuffiroient aifément, parce qu'ils ont de
la mémoire ; & d'ailleurs ils s'y plairoient à
caufe qu'ils aiment à répéter les mots qui ont
quelque rapport les uns aux autres. On leur feroit remarquer les terminaifons des temps fimples, par exemple, de ceux-ci, *ils écoutent,*
ils écoutoient, ils écouterent, ils écouteroient,
ils écoutaffent. Ces terminaifons les embarraffent quand ils veulent exprimer ces mots, à
caufe principalement des dernieres lettres qu'on
ne prononce pas dans les temps qu'on vient de
rapporter, quoiqu'elles s'expriment, du moins
le *n*, dans d'autres mots, comme *mouvement,*
indifférent. Les enfans en apprenant à conjuguer les Verbes, apprendroient à en diftinguer
les temps, & auroient une connoiffance plus

précise de leur signification ; ce qui contribue-
roit à leur faire mieux entendre le sens des
phrâses : de plus , en leur faisant remarquer peu
à peu la terminaison des Verbes , on les mettroit au fait de ce qui est de plus difficile &
de plus important dans le courant de l'Orto-
graphe , j'entends celle de principes : or cela
est nécessaire quand on veut faire quelque
usage de l'écriture , ne fût-ce que pour écrire
des Lettres. C'est pourquoi il faudroit , quand
ils sçavent un peu écrire , leur faire copier la
conjugaison d'un Verbe , & ensuite leur faire
écrire des Verbes de même conjugaison que
celui qui leur serviroit d'exemple.

N° 2. Afin les que enfans réussissent mieux
dans la conjugaison des Verbes , il faudroit
leur faire distinguer le singulier d'avec le pluriel , & leur faire observer que dans l'un &
l'autre nombre il y a trois personnes , qu'on
appelle *la premiere* , *la seconde* & *la troisieme* ,
qui sont distinguées par des pronoms différens
qui leur sont affectés : ce sont *je* , *tu* , *il* ou *elle*
pour le singulier ; & *nous* , *vous* , *ils* ou *elles*
pour le pluriel. Il faudroit leur dire aussi qu'il
y a quatre parties générales dans chaque Verbe,
sçavoir , l'Indicatif , l'Impératif , le Subjonctif
& l'Infinitif : on appelle ces parties *les modes*
des Verbes. On leur feroit encore remarquer
les différens temps de ces modes , & les ter-
minaisons qui leur sont propres : mais tout cela
ne se feroit que peu à peu , & à mesure qu'ils
avanceroient ; car dans les commencemens on
ne les occuperoit qu'à rapporter de suite les
mots de quelques temps d'un Verbe , lequel
devroit être de la premiere Conjugaison , c'est-
à-dire , dont l'Infinitif seroit terminé en *er* ,

comme *écouter*, *porter*, *prier*, parce qu'il y a
beaucoup plus de ces Verbes que d'autres.
Cette premiere Conjugaison pourroit suffire
pour les enfans qui auroient peu d'ouverture
ou de goût.

XXI. Il ne faut pas que les Maîtres & Maî-
tresses se rebutent quand ils ne sçauroient pas
les conjugaisons des Verbes, & qu'ils igno-
reroient même ce que c'est qu'un Verbe. Il n'y
a presque personne qui sçache lire, qui ne
puisse apprendre aisément ce qu'il faut sçavoir
à cet égard pour montrer aux enfans ce qu'il
s'agit de leur enseigner. On trouve les conjugaisons des Verbes dans tous les Abrégés de
la Grammaire Françoise & dans plusieurs Méthodes pour apprendre à lire. Au reste, il n'est
pas nécessaire qu'un Maître sçache de suite la
conjugaison entiere d'un Verbe, pour la faire
réciter à un enfant ; il suffit qu'il en connoisse
à peu près la marche. Les Maîtres ou Maî-
tresses ont intérêt de s'instruire de ce qu'il
faut qu'ils sçachent sur ce sujet, parce qu'il
seroit à craindre que ceux qui n'en voudroient
pas prendre la peine, ne se rendissent répré-
hensibles en négligeant de se mettre en état de
remplir une fonction dont l'omission seroit pré-
judiciable aux enfans qui sont confiés à leurs
soins.

Il y a plusieurs observations particulieres qui
servent à la perfection de la lecture ; par exemple, sur les différens sortes de voyelles & de
consonnes, & sur leurs diverses valeurs ou
sons qu'elles ont suivant les mots où elles se
trouvent : mais les enfans peuvent apprendre
à lire sans ces observations, qui par leur multi-
plicité & leur difficulté pourroient les embarras-

fer & retarder leur progrès. L'effentiel eft qu'ils fçachent lire couramment & diftinctement, & qu'ils foient en état d'entendre, felon leur âge, les livres deftinés à leur inftruction. Cette double connoiffance fondamentale fuffit en ce genre aux enfans de la campagne & à la plûpart des autres : or ils l'acquerront aifément & en affez peu de temps, fur-tout la premiere, par la méthode & les exercices dont nous avons parlé, en y ajoutant encore quelques obfervations en petit nombre, qui font d'un ufage commun & ordinaire.

Nous ne parlons point ici de la néceffité qu'il y a d'inftruire les enfans du Catéchifme & des Elémens de la Religion, parce qu'il ne s'agit ici directement que de ce qu'il faut pratiquer pour faire avancer les progrès des enfans dans la lecture & dans l'intelligence de ce qu'ils lifent. Au refte, tout Maitre qui aura quelque connoiffance des devoirs de fon Etat, ne doutera pas que le foin d'inftruire les enfans touchant la Religion & former leur cœur, ne foit fon premier & principal devoir, & même que toutes les autres connoiffances qu'il entreprend de leur donner ne doivent fe rapporter à la Religion, puifque de même qu'on ne doit rien apprendre feulement pour contenter fa curiofité, mais que toutes les connoiffances qu'on acquiert doivent tendre à remplir les devoirs que Dieu exige ou exigera de nous felon l'état où il nous placera ; de même on ne doit rien enfeigner qui ne tende au même but.

XXII. N°. 1. Peut-être que plufieurs perfonnes n'approuveront pas que l'on ait parlé ici avec quelque étendue de la méthode d'enfeigner à lire, comme fi cet objet étoit trop petit, & ne méritoit pas d'être affocié à ceux dont nous avons traité dans les additions précédentes & le Mémoire; mais il me femble qu'il eft de la plus grande importance de travailler à perfectionner cet art, foit parce que rien n'eft plus néceffaire pour cultiver l'efprit & même pour former le cœur, que de fçavoir lire, foit parce que l'on s'y prend communément fort mal pour enfeigner cette connoiffance fondamentale, foit enfin parce que ceux auxquels on l'enfeigne ont befoin plus que tout autre qu'on fe ferve à leur égard de la méthode la plus facile. Ces raifons différentes me font croire que cet objet eft au moins auffi important que les autres dont il a été parlé précédemment Je conviens qu'il feroit très intéreffant pour la jeuneffe de tâcher de parvenir à ce qui a été propofé pour cultiver l'efprit, & principalement de travailler à avancer & à augmenter l'ouverture d'efprit dans les enfans qui commencent leurs études, de leur rendre, & à ceux qui font plus avancés, le travail auquel on les applique, gracieux & attirant, afin qu'ils s'y adonnent volontiers, fans être obligé d'ufer à leur égard de réprimandes & de punitions à ce fujet; de cultiver & de perfectionner les qualités les plus eftimables de l'efprit, je veux dire la pénétration, la fagacité & la justeffe. Ces vues font fans doute fort intéreffantes; mais font-elles plus louables & plus eftimables que celle d'apprendre à lire aux enfans prefque fans peine & avec une facilité infiniment plus grande que par la méthode dont on s'eft fervi communément jufqu'à préfent, qui eft caufe qu'une très-grande quantité d'enfans, fur-tout de la campagne, ne fçavent jamais lire, & que d'autres, encore en très-grand nombre, ne le fçavent que très-imparfaitement, enforte qu'ils ne font pas en état de profiter de ce qu'ils ont appris ? Je m'en rapporte aux juftes eftimateurs des chofes, aux perfonnes fenfées qui les fçavent apprécier felon leur valeur véritable & intrinfeque.

N°. 2. Pour moi il me femble que comme il s'agit d'un objet de la plus grande conféquence pour la premiere inftruction des enfans, qui eft la bafe & le fondement de toutes les autres, & que d'ailleurs on eft comme affuré qu'un très-grand nombre de Maîtres & de Maîtreffes n'employeront pas d'eux-mêmes & par leur propre choix la voie la plus facile & la plus naturelle pour y parvenir ; il me femble, dis-je, qu'il feroit bien à fouhaiter que le Gouvernement voulût bien jetter un regard favorable, un œil de compaffion fur cette pauvre jeuneffe qui eft l'efpérance de l'Eglife & de l'Etat, & qui en doit devenir le foutien, afin de lui procurer dans tous les lieux le plus de facilité qu'il feroit poffible pour apprendre cette connoiffance fondamentale ; c'eft à quoi on parviendroit en faifant un réglement qui prefcriroit la méthode & les moyens dont les Maîtres & Maîtreffes feroient obligés de fe fervir pour enfeigner les enfans, & en tenant la main à l'exécution de ce réglement qui leur feroit fi avantageux. Les Curés, quelques Dignités des Chapitres des Cathédrales & les Grands Vicaires pourroient être chargés d'y veiller. Il feroit encore à fouhaiter que dans toutes les Provinces, & même dans la plûpart des Diocèses, & sur-tout ceux qui sont fort étendus, il y eût des Ecoles pour former ceux & celles qui se disposeroient à enseigner les enfans.

FIN.

Nouvelles Additions au Mémoire de 1769, sur les moyens de perfectionner les Etudes.

Les principaux moyens pour les claſſes de Belles-Lettres, ſont ; 1°. des Analyſes des plus beaux morceaux des Auteurs. Cet exercice eſt d'une ſi grande utilité pour cultiver l'eſprit des Jeunes-Gens dans ces Claſſes, qu'il ſeroit à ſouhaiter qu'il y fut très-fréquent, & même qu'on le pratiquât tous les jours, ou preſque tous les jours, en ſe ſervant pour la matière, non-ſeulement des plus beaux endroits des Auteurs Latins, expliqués dans la Claſſe, mais auſſi de ce qu'il y a de convenable à des Jeunes-Gens dans les Ouvrages écrits en François, & ſur-tout des diſcours de la Chaire, ſoit Sermons de Morale & ſur les Myſtéres, ſoit Panégyriques, ſoit Oraiſons funébres, que l'on choiſiroit dans les meilleurs Auteurs, les Boſſuet, les Bourdaloüe, les Fléchier, les Maſſillon, &c. dont il ſeroit à ſouhaiter que l'on fît un Recueil en deux ou trois volumes in-12, en choiſiſſant les pièces qui conviendroient le mieux à ces Jeunes-Gens. On leur donneroit pour devoir d'un jour l'analyſe d'une partie d'un de ces diſcours qu'ils féroient après la Claſſe du ſoir, & dont ils donneroient la copie à leur Profeſſeur afin qu'il pût la lire en ſon particulier, ce qui ſeroit néeeſſaire, au moins par rapport à celles qu'il auroit deſſein de faire lire en claſſe par les Ecoliers : il ſeroit par-là plus en état de faire les obſervations convenables ſur ces copies ; elles ſerviroient à faire connoître aux Ecoliers leurs fautes, & ce qu'ils auroient dû faire pour rendre leur travail plus parfait. Mais afin de les initier dans cet exercice, il ſeroit à propos que pendant environ un mois, au commencement de l'année ſcholaſtique, le Profeſſeur donnât des analyſes des meilleurs morceaux des Auteurs Latins qu'il auroit expliqués & que ſes Ecoliers auroient traduits : ces analyſes, que je ſuppoſe être en François, ſerviroient de thêmes d'imitation pour les Ecoliers, qui apprendroient par ce moyen à réuſſir dans la compoſition des analyſes, parce qu'ils feroient aiſément la comparaiſon des analyſes qu'on leur donneroit avec les morceaux analyſés qu'ils auroient traduits : & d'ailleurs les obſervations que pourroit leur faire le Profeſſeur ſur ce genre de travail, leur ſerviroit à y mieux réuſſir. On ne pourroit prendre trop de précautions pour mettre les Jeunes-Gens en état de s'y exercer avec ſuccès, à cauſe des grands avantages qu'ils en retireroient en tout genre ; 1°. ils ſe mettroient bien au fait des matières dont ils feroient les analyſes : or ces matières ſeroient ce qu'il y auroit de mieux que l'on choiſiroit dans les Auteurs, 2°., ils apprendroient à bien écrire en notre langue ; car je ſuppoſe qu'ils feroient les analyſes en François : il vaudroit beaucoup mieux pour tous, ou preſque tous, qu'ils acquiſſent l'habitude de bien écrire en François qu'en Latin, à caufe que dans l'ufage commun & ordinaire, on fe fert beaucoup plus de la première langue que de la feconde : on n'a prefque jamais befoin d'écrire en celle-ci, 3° ils fe formeroient à l'éloquence, en travaillant à faire leurs extraits fur d'excellents modèles, 4°. ils cultiveroient leur intelligence & leur pénétration, par l'attention qu'ils donneroient à prendre le fens & l'efprit de leurs Auteurs, 5°. ils perfectionneroient leur jugement & la juftefe d'efprit, parcequ'ils travailleroient fur des modèles choifis où ces grandes qualités fe trouveroient. Or il eft vifible qu'avec ces avantages, ils feroient en état de bien réuffir dans la fuite, foit dans leurs études, foit dans leurs fonctions publiques ou particulières dont ils feroient chargés. Tous ces avantages regardent l'efprit ; mais ils pourroient en acquérir de plus prétieux pour eux & pour la fociété, je veux parler des qualités louables du cœur : les analyfes qu'ils feroient des difcours de la Chaire, feroient un moyen très-propre pour les acquérir. Il faudroit leur donner & aux Philofophes, de ces analyfes à faire les Dimanches & Fêtes : ce travail entreroit dans la fanctification de ces faints jours.

Nous avions déja parlé de cet exercice à l'article xxvi du mémoire, mais d'une manière un peu trop générale dans une occafion où il s'agit d'un ufage qui devroit être commun dans toutes les claffes de Belles-Lettres : il ne fuffit pas alors d'en montrer l'utilité ; il eft à propos d'entrer dans un certain détail pour faire voir comment il faudroit s'y prendre pour réduire en pratique ce que l'on propofe ; & c'eft ce qui nous a engagé à revenir au même fujet, car il nous paroît qu'il feroit extrêmement important pour les Etudians que cet exercice devînt général dans tous les Colléges, & qu'on les en occupât tous les jours, ou prefque tous les jours, (il en faut dire autant de ceux auxquels on donne une éducation particulière) ; il n'en feroit pas de ce devoir comme de quelques autres, par exemple, de faire des vers, des amplifications, &c. auxquels bien des Ecoliers ne peuvent réuffir même médiocrement : celui dont il s'agit feroit à la portée des foibles & des forts, avec cette différence que ceux-ci y réuffiroient mieux que les autres.

Il y a d'autres moyens pour les mêmes Claffes : ce font de bonnes traductions, *Voy. pag.* 147, *lig.* 6.

Voici encore un autre objet qui eft des plus intéreffant pour l'éducation de la jeuneffe dans les Colléges. On fçait de quelle conféquence il eft dans les Ecoles publiques qu'il y ait des chefs, qu'on appelle communément *Principaux,* qui foient propres, par leurs bonnes intentions & par leurs talens à y maintenir l'ordre & la difcipline ; car c'eft d'eux fur-tout que l'un & l'autre dépendent. Il faudroit donc qu'il y eût un moyen convenable & affuré de remplir ces places quand elles feroient vacantes, de fujets qui euffent les qualités néceffaires. Ce moyen renferme ou suppose deux choses, l'une, qu'il y eût toujours un certain nombre de sujets formés en qui se trouveroient ces qualités, l'autre, qu'il y eût un Conseil composé de personnes de confiance, pour faire le choix des sujets les plus propres à occuper ces places : or on trouveroit l'une & l'autre dans une Maison d'institution, ou une Ecole pour former des Maîtres, qui seroit établie sur-tout dans Paris.

1°. Elle pourroit fournir un nombre de sujets capables de remplir dignement ces places : pour cela il faudroit que les Eleves, dont on auroit lieu d'être content & qui auroient des talents, fussent admis à rester dans la Maison après le cours de leurs études, moyennant une pension modique (je parle de ceux qui auroient embrassé l'état ecclésiastique) ; ils travailleroient à se perfectionner dans leurs études, & s'occuperoient d'ailleurs, partie aux fonctions de leur état, en faisant des instructions sur la réligion dans quelque Paroisse, partie à enseigner quelques sciences en particulier, je veux dire celles que l'on montre dans les Colléges : par-là ils se formeroient de plus en plus, & deviendroient plus capables de remplir des places de Principaux. Mais ce ne seroit pas seulement ces anciens éleves qui demeureroient dans la Maison en qualité de Pensionnaires, que l'on pourroit choisir pour être chefs de Colléges, ce seroit aussi des Maîtres actuels de la Maison qui seroient anciens, & encore d'autres éleves qui en seroient sortis pour occuper différentes places dans Paris & sur-tout dans l'Université.

2°. On trouveroit encore dans cette Maison des personnes pour former un Conseil fort éclairé, auquel on confieroit le choix des Principaux : ce seroient les Supérieurs de la Maison, auxquels se joindroient les Députés qui seroient envoyés par le Bureau du Collége pour lequel il s'agiroit de choisir un Principal : ils auroient voix dans l'assemblée, conjointement avec les membres ordinaires du Conseil : & si la Ville étoit à une certaine distance de Paris, le Bureau du Collége pourroit prier ou faire prier des personnes qui seroient à Paris de tenir lieu de Députés. Il seroit de l'intérêt des membres du Conseil de choisir le sujet qui conviendroit le mieux, sans quoi ce choix jetteroit la Maison dans le diférédit : mais il y a d'autres puissants motifs pour les engager à faire un bon choix.

Il paroît donc que l'on trouveroit dans une Maison d'institution, si nécessaire d'ailleurs pour l'éducation de la Jeunesse, les deux conditions requises, & en même temps suffisantes pour présenter & fournir des Principaux tels qu'ils devroient être à un grand nombre de Colléges ; ainsi on seroit moralement assuré que ces places seroient occupées par des sujets capables de les bien remplir : mais afin qu'ils fussent en état de faire le bien qu'on attendroit d'eux, il faudroit qu'on leur donnât le droit dont jouissent les Principaux dans les Colléges de Paris ; je veux parler du droit de nommer aux places de Profeſſeurs quand elles deviendroient vacantes ; en voici pluſieurs raiſons, auxquelles il paroît qu'on ne peut ſe refuſer, ſi on conſulte l'intérêt de la jeuneſſe ; 1°. rien ne ſeroit plus propre à maintenir l'union dans les Colléges ; car les Profeſſeurs étant redevables de leur état au Principal, ſeroient diſpoſés, au moins pour l'ordinaire, à agir de concert avec lui, à ſuivre ſes intentions, & avoir pour lui la déférence qui eſt due au chef d'une maiſon ; d'ailleurs les autres Maîtres lui ſeroient fort attachés, à cauſe que ce droit le mettroit en état de les récompenſer de leur ſervice : ſans cela il auroit peine à trouver de bons ſujets pour remplir les places de Sous-Principaux & de Précepteurs communs pour ſes Penſionnaires, & encore plus de maintenir une paix ſolide & durable dans ſa Maiſon ; 2°. Il eſt plus intéreſſé que tout autre à avoir de bons Profeſſeurs qui s'acquitent bien de leurs fonctions, & qui faſſent honneur à ſon Collége, 3°. Enfin perſonne n'eſt plus à portée que lui de connoître les ſujets propres à remplir ces places : il les prendroit communément entre les Maîtres ſubalternes de ſon Collége, dont il peut connoître mieux que d'autres les talents & les qualités. Mais il ſeroit à ſouhaiter, que quand il voudroit nommer quelqu'un de ſes proches parents, comme un frère ou un neveu à une Chaire, ſa nomination dût être confirmée par quelques perſonnes reſpectables, ſoit de l'Univerſité, dont le Collége feroit partie, ſoit du Bureau qui en auroit l'inſpection, s'il s'agiſſoit d'un Collége iſolé.

Toutes ces raiſons font voir combien il ſeroit à ſouhaiter, pour le bien d'un Collége, que le Principal en nommât les Profeſſeurs. Il eſt vrai que dans les Colléges deſſervis par des Congrégations, ce n'eſt pas le Principal qui nomme aux Chaires ; mais c'eſt qu'il y a d'autres moyens d'entretenir la paix & l'union entre les Maîtres du Collége : ils dépendent d'un même chef, au moins les Profeſſeurs & pluſieurs autres, auquel ils ſont obligés d'obéir ; & d'ailleurs ils ſont liés enſemble par les vœux qu'ils ont faits, ou par les engagements qu'ils ont pris : ils compoſent un corps qui les réunit enſemble dans un même eſprit, pour faire ce qui tend au bien du corps : tout cela fait voir qu'il ne faut pas juger d'eux, comme de particuliers qui n'ont pas les mêmes engagements pour agir de concert avec leur chef & leurs confrères.

Concluons de ce que nous avons dit, par rapport au choix des Principaux, que l'arrangement que nous avons propoſé à ce ſujet, ſeroit un des plus favorables que l'on pût faire pour l'utilité des Etudiants, tant par rapport aux mœurs & à la Religion, que pour les Sciences ; parceque, comme nous avons dit, l'ordre & la diſcipline d'une maiſon dépendent principalement du chef qui y préſide.

www.ingramcontent.com/pod-product-compliance
Lightning Source LLC
LaVergne TN
LVHW010440060726
842527LV00005B/1605